A mon Père.

Faculté de Droit de Toulouse.

ACTE PUBLIC

POUR LA LICENCE,

En exécution de l'art. 4, tit. 2, de la loi du 22 ventôse, an 12.

SOUTENU PAR

M. Dessalle (Régis),

Né à Montpellier (Hérault)

Tout ce qui n'est pas défendu par la loi ne peut être empêché,
Et nul ne peut être contraint à faire ce qu'elle n'ordonne pas.
Art. 5 de la déclaration des droits de 1791.

JUS ROMANUM.

Lib. II, Tit. XII. — *Quibus non est permissum facere testamentum.*

Antè omnia et præter solemnitates quæ propriæ sunt testamentis, aliæ requiruntur conditiones ad eorum validam perfectionem; id est præsertim habilitas testatoris quæ dicitur factio *activa* testamenti, sive jus condendi testamentum.

Non omnibus enim permissum est facere testamentum , ut scriptum est in proemio hujus tituli ; secundùm legem duodecim tabulis , hoc privilegio gaudebant soli patres familiâs ; quia soli aliquod suum habebant; quæ conditio erat civium romanorum : indè testare non poterant Latini , Juniani , Peregrini , servi et cæteri omnes qui juris civilis non sunt participes.

Indè etiam ab initio testamenti faciendi jus non habebant ii qui alieni juris sunt et inter eos filii familiâs, ne quidem parentibus consentientibus quia testamenti factio est juris publici cui derogari non potest, seu privatorum pactis, seu consensu parentum. Nihil enim suum in principio habebant filii familiâs, et nec hæreditatem dare, nec hæredes superstites facere poterant; sed posteà introductis peculiis, de peculio castrensi et quasi castrensi testare eis concessum est. Quod quidem jus de peculio castrensi initio tantùm militantibus permissum, etiam dimissis militiâ , id est veteranis adventum est.

Hîc duo accuratè distinguenda sunt : si quod fecerint de peculio castrensi testamentum filii familiâs, pertinebit hoc ad eum quem hæredem reliquerint; si verò intestati decesserint, nullis liberis vel fratribus superstitibus, ad parentes eorum jure communi pertinebit. Præter hos igitur qui castrense vel quasi castrense habent , si quis alius filius familiâs testamentum fecerit , inutile est licet suæ potestatis factus decesserit.

Præterea testamentum validum non fecit, quasi servus, qui apud hostes est, quamvis redierit; testamentum autem ante captivitatem factum , dùm in civitate fuerat, valet, si redierit , jure postliminii ; aut si apud hostes decesserit, valet beneficio legis Corneliæ.

Testamentum quoque facere non possunt impuberes, ac ne tutore quidem auctore, quia nondùm plenum judicium animi habent; item furiosi quia mente carent, id est testatio mentis non esse potest, nisi tamen delucida habeant intervalla; tempore enim intermissi furoris testamentum condere possunt. Nec interest an impuber posteà puber, aut furiosus posteà compos mentis fuerit , et decesserit; sed notandum est testamenta rectè facta, aut ullum aliud negotium rectè gestum posteà furore interveniente non perimi.

Item prodigus cui bonorum administratio à prætore adempta est, et qui aut alienàre aut mancipare nequit, jure non testatur; sed id quod ante interdictionem fecerit testamentum, validum est.

Item surdus et mutus non semper testamentum facere possunt; aliquoties tamen, ut scribitur in § 3 nostri tituli, leg. 7 ff : *Qui testamenta facere possunt*, et leg. 10 cod. eodem titulo. Reipsà si quis post testamentum factum, adversâ valetudine aut quolibet alio casu mutus aut surdus esse cœperit, ratum nihilominùs permanet testamentum.

Cæcus autem testamentum facere non potest, nisi observatis quibusdam formis solemnibus quas imperator Justinus præscripsit.

Deniquè testamenti factio denegatur ei qui de statu suo incertus est.

Testamenti factionem habent omnes ei qui non sunt præcisè legibus interdicti.

In termino observandum est in quibus temporis conditionibus requiritur activa testamenti factio, et hìc etenìm distinguere debemus inter jus civile et jus prætorium. Triplici tempore in testatore requiritur secundùm jus civile, nempè tempore facti testamenti, tempore mortis testatoris, et tempore intermedio. Jure prætorio autem requirebatur tantùm tempore confectionis testamenti et tempore mortis, quamvis per tempus intermedium amisisset testator jus faciendi testamentum.

CODE CIVIL.

Liv. iii. Tit. iii. — *Des contrats et des obligations conventionnelles*

CHAPITRE PREMIER. — *Dispositions préliminaires.*

Notre code définit le contrat : « une convention par laquelle une ou plusieurs personnes s'obligent envers une ou plusieurs autres à donner, à faire ou à ne pas faire quelque chose. — Ainsi le contrat renferme l'obligation et la convention, ses deux élémens, ses deux parties constitutives, choses toutes différentes pourtant et qui peuvent exister l'une sans l'autre.

Celui au profit duquel l'obligation est contractée s'appelle *créancier*; celui qui l'a contractée s'appelle *débiteur*.

On distingue plusieurs sortes de contrats : les contrats *synallagmatique* ou *bilatéral*, le contrat *unilatéral*, *aléatoire*, *commutatif*, le contrat de *bienfaisance ou gratuit*, et le contrat à *titre onéreux*.

Le contrat est synallagmatique ou bilatéral, lorsque les contractans s'obligent réciproquement les uns les autres, comme dans les contrats de vente, de louage, de société.

Il est unilatéral lorsqu'une ou plusieurs personnes sont obligées envers une ou plusieurs autres, sans que de la part de ces dernières il y ait engagement comme dans le prêt à usage, le commodat, le dépôt.

Le contrat est commutatif lorsque chacune des parties s'engage à donner ou à laisser une chose qui est regardée comme l'équivalent de ce qu'on lui donne ou de ce qu'on fait pour elle. La vente, l'échange sont des contrats commutatifs.

Il est aléatoire lorsque l'équivalent consiste dans la chance du gain ou de la perte pour chacune des parties d'après un événement incertain. On peut citer pour exemple le contrat de rente viagère, et celui d'assurance.

Le contrat de bienfaisance est celui dans lequel l'une des parties prouve à l'autre un avantage purement gratuit, comme dans le prêt, le commodat, le dépôt, le mandat, le cautionnement et la donation.

Le contrat à titre onéreux est celui qui assujettit chacune des parties à donner ou à faire quelque chose. — La plupart des contrats sont à titre onéreux.

Il y a encore des contrats *mixtes* qui tiennent de ces deux espèces de contrats, c'est-à-dire à titre onéreux jusqu'à concurrence de la valeur des charges, et de bienfaisance pour le reste; telles sont les donations faites sous une charge imposée au donataire.

CHAPITRE II.

Des conditions essentielles pour la validité des conventions.

Quatre conditions sont essentielles pour la validité d'une convention : 1º le consentement de la partie qui s'oblige, auquel il faut ajouter l'acceptation de la personne envers qui elle s'oblige ; 2º sa capacité de contracter ; 3º une chose qui forme la matière de l'engagement ; 4º une cause licite de l'obligation.

Sect. 1ʳᵉ. — *Du Consentement.*

Consentir c'est vouloir ce qu'un autre veut et nous propose de vouloir également. Le consentement est donc l'expression de notre volonté à cet égard, mais pour être valable, il ne suffit pas seulement qu'il existe, il faut encore qu'il existe dans de certaines conditions ; outre qu'il doit être manifesté, réciproque et donné sur la même chose, il importe de plus qu'il soit donné avec réflexion et en connaissance de cause, librement, sans contrainte et sans surprise.

La loi reconnaît trois causes qui peuvent vicier le consentement : ce sont l'erreur, la violence et le dol.

L'erreur n'est une cause de nullité de la convention que lorsqu'elle tombe sur la substence même de la chose, et non pas seulement sur une de ses qualités accidentelles. À l'égard de la personne avec laquelle on a intention de contracter, l'erreur n'est pas une cause de nullité, à moins que la considération de cette personne ne soit la cause principale de la convention.

Nous avons dit que le consentement devait être libre ; il suit de là que la violence physique ou morale, exercée contre celui qui a contracté l'obligation, et la crainte qui en résulte, annulent le consentement, encore que cette violence ait été exercée par un tiers autre que celui au profit duquel la convention a été faite ; mais dans ce cas il ne suffit pas qu'elle en ait été la cause, il faut encore qu'elle ait eu pour objet de faire contracter l'obligation.

On dit qu'il y a violence, lorsqu'elle est de nature à faire impression sur une personne raisonnable, et qu'elle peut lui inspirer la crainte d'exposer sa fortune à un mal considérable et présent. On a égard en cette matière, à l'âge, au sexe et à la condition des personnes.

La violence est une cause de nullité de contrat non seulement lorsqu'elle a été exercée sur la partie contractante, mais encore lorsqu'elle l'a été sur son époux ou son épouse, sur ses descendans ou ses ascendans. — La seule crainte révérencielle envers le père, la mère ou autre ascendant, ne constitue pas la violence et par conséquent n'annule pas le contrat ; les simples menaces, les voies de droit et les contraintes légalement exercées par les ministres de la loi ne l'annulent pas davantage.

L'approbation expresse ou tacite, donnée aux contrats postérieu-
rement à la violence alléguée, ne permet pas de s'en prévaloir. —
Le silence gardé pendant dix ans est considéré comme équivalent à
l'approbation.

Le dol est toute espèce de finesse ou d'artifice employée pour in-
duire ou entretenir une personne dans l'erreur, qui la détermine à
une convention préjudiciable à ses intérêts. Ce qui caractérise le dol,
c'est la mauvaise foi ; il n'est une cause de nullité de la convention
que lorsque les manœuvres d'une partie sont telles, qu'il est évident
que sans ces manœuvres l'autre partie n'aurait pas contracté. Il ne
se présume pas et doit être prouvé.

Si le dol vient d'un tiers sans collusion, sans complicité de l'autre
partie contractante, le contrat subsiste, sauf à la partie trompée à
poursuivre l'auteur du dol et à l'obliger à payer l'indemnité.

Pour entraîner la nullité, le dol doit être principal, c'est-à-dire,
cause déterminante du contrat ; s'il n'est qu'accidentel ou accessoire,
il donne lieu seulement à des dommages intérêts.

La convention contractée par erreur, violence ou dol, n'est pas
nulle de plein droit ; elle donne seulement lieu à une action en nullité ou en rescision.

Il est d'un grand principe général, qu'on ne peut s'engager ni
stipuler en son propre nom que pour soi-même. Cependant on peut
se porter fort pour un tiers en promettant le fait de celui-ci, comme
aussi stipuler au profit d'un tiers, sauf dans le premier cas l'indemnité contre celui qui s'est porté fort, si le tiers refuse de tenir
l'engagement ; dans le second cas, celui qui a fait cette stipulation
ne peut plus la révoquer, si le tiers a déclaré vouloir en profiter.

On est toujours censé avoir stipulé pour soi et ses héritiers ou
ayant-cause, si le contraire n'est exprimé ou ne résulte de la nature
de la convention.

Sᴇᴄᴛ. 2. — *De la capacité des parties contractantes.*

Règle générale : Toutes personnes auxquelles la loi ne l'interdit pas sont capables de contracter.

Les incapacités sont naturelles ou civiles. Le code ne s'occupe que de ces dernières qui sont celles des mineurs , des interdits , des femmes mariées dans les cas exprimés par la loi , et généralement de tous ceux auxquels la loi a interdit certains contrats.

Le mineur, l'interdit et la femme mariée ne peuvent attaquer leurs engagemens pour cause d'incapacité , que dans les cas prévus par la loi ; cette incapacité du mineur , de l'interdit et de la femme mariée n'étant pas absolue, mais seulement relative aux personnes en faveur desquelles elle a été introduite, les personnes capables de s'engager ne peuvent pas l'opposer à ceux avec qui elles ont contracté.

sᴇᴄᴛɪᴏɴ 3. — *De l'objet et de la matière des contrats.*

Tout contrat a pour objet une chose qu'une partie s'oblige à donner, ou qu'une partie s'oblige à faire ou à ne pas faire ; et par le mot chose il faut entendre non seulement les choses corporelles, mais encore les choses incorporelles, celles qui sont immobilières et celles qui sont mobilières.

Le simple usage, la simple possession d'une chose , comme la chose elle-même, peut être l'objet du contrat, parce qu'il suffit que cet objet procure une utilité quelconque au contractant. Les choses qui ne sont pas dans le commerce ne peuvent pas être l'objet d'une convention.

Il faut encore que l'obligation ait pour objet une chose au moins déterminée dans son espèce, si ce n'est dans sa quotité, pourvu toutefois que cette quotité ne soit pas trop incertaine , au point de rendre impossible toute appréciation. Les choses futures comme les présentes peuvent être la matière des contrats, sauf pourtant quelques exceptions, par exemple celle qui résulte de l'empêchement mis par la loi à toute convention ou stipulation sur des successions non ouvertes.

Les choses impossibles, inutiles, naturellement illicites, ou défendues par le droit civil ne peuvent pas être l'objet d'une convention.

SECTION 4. — De la cause.

La cause est ce qui détermine l'engagement des parties contractantes. L'obligation sans cause ou sur une fausse cause, ou sur une cause illicite ne peut avoir aucun effet. La fausse cause est celle qui n'est qu'apparente, ou qui n'existe que dans la pensée des contractans. La cause illicite est celle qui est prohibée par la loi, contraire aux bonnes mœurs, ou à l'ordre public. La cause n'a pas besoin d'être exprimée pour que le contrat soit valable ; il suffit qu'elle existe réellement.

CHAPITRE III. — De l'effet des obligations.

Les conventions légalement formées tiennent lieu de loi à ceux qui les ont faites. Elles ne peuvent être révoquées que de leur consentement mutuel, ou pour les causes que la loi autorise. Cependant le consentement mutuel des parties contractantes ne suffirait pas pour dissoudre un contrat par l'effet duquel un tiers aurait un droit acquis ; le consentement de ce tiers deviendrait nécessaire pour la révocation du contrat au moins en ce qui le concerne. Les conventions doivent être exécutées de bonne foi, c'est-à-dire que les parties sont tenues non seulement aux clauses expresses et rigoureuses qu'elles renferment, mais encore à toutes les suites que l'équité, l'usage ou la loi donnent à l'obligation d'après sa nature.

SECTION 2. — *De l'obligation de donner.*

L'obligation de donner emporte celle de livrer la chose en temps et lieu convenables; c'est là l'obligation principale. Celui qui est tenu de donner , doit en outre conserver la chose jusqu'à la livraison à peine de dommages et intérêts envers le créancier , cette seconde obligation n'est qu'accessoire. Mais dans aucun cas le débiteur ne peut se dispenser de livrer la chose tant qu'elle existe , même en offrant pour compensation des dommages et intérêts. La conservation de la chose ne peut s'entendre que lorsqu'il s'agit d'un corps certain et déterminé ; mais l'obligation de veiller à cette conservation une fois encourue, soumet celui qui en est chargé à y apporter tous les soins d'un bon père de famille , soit que la convention n'ait pour objet que l'utilité de l'une des parties , soit qu'elle ait pour objet leur utilité commune.

L'obligation de livrer la chose est parfaite par le seul consentement des parties contractantes. Elle rend le créancier propriétaire et met la chose à ses risques , encore que la tradition n'en ait point été faite, et qu'il y ait un terme pour la livraison, à moins que le débiteur ne soit en demeure de la livrer ; auquel cas la chose reste aux risques de ce dernier. Ce principe souffre pourtant une exception dans le cas où la chose eut également péri , si le débiteur l'avait livrée. Le débiteur est constitué en demeure soit par une sommation , soit par un autre acte équivalent , tel qu'une demande en justice à fin d'exécution du contrat, soit par l'effet de la convention , lorsqu'elle porte que, sans qu'il soit besoin d'acte et par la seule échéance du terme, le débiteur sera en demeure. Si la chose qu'on s'est obligé de donner ou de livrer à deux personnes successivement est purement mobilière , c'est-à-dire corporelle ou mobilière par sa nature, celle des deux qui en a été mise en possession réelle par la livraison, est préférée et en demeure propriétaire, encore que son titre soit postérieur en date , pourvu toutefois que la possession soit de bonne foi. Cette disposition est la conséquence de ce principe, qu'en fait de meubles la possession vaut titre.

SECTION 3. — *De l'obligation de faire ou de ne pas faire.*

Comme personne ne peut être contraint directement à un fait quand sa volonté s'y oppose , les lois ont établi pour règle en cette matière que toute obligation de faire ou de ne pas faire se résout en dommages et intérêts en cas d'inexécution de la part du débiteur. Cependant le créancier peut demander que ce qui avait été fait par contravention à l'engagement , soit détruit aux dépens du débiteur, si cela est possible, sans préjudice des dommages et intérêts s'il y a lieu. Si l'obligation est de faire , le créancier peut aussi en cas d'inexé- cution être autorisé à faire exécuter lui-même aux dépens du débi- teur ; et si l'obligation est de ne pas faire , celui qui y contrevient doit les dommages et intérêts par le seul fait de la contravention.

L'obligation de faire est transmissible ou non aux héritiers du débi- teur , selon qu'il s'agit d'une obligation réelle ou personnelle.

SECTION 4. — *Des dommages et intérêts résultant de l'inexécution de l'obligation.*

Ls dommages-intérêts peuvent être dus soit à raison de l'inexé- cution , lorsque le débiteur est mis en demeure de remplir son obligation , soit à cause du retard dans l'exécution, parce que dans l'un et l'autre cas il y a préjudice pour le créancier. La bonne foi du débiteur n'est pas pour lui une excuse suffisante, s'il ne justifie pas en outre que l'inexécution ou le retard proviennent d'une cause étrangère qui ne peut pas lui être imputée , comme aussi d'une force majeure ou d'un cas fortuit; à moins toutefois qu'il n'ait répondu de la force majeure et du cas fortuit , ou que le cas fortuit ait été précédé de quelque faute de sa part, sans laquelle la perte ne serait pas arrivée.

Les dommages et intérêts dûs au créancier sont fixés en général d'après la perte qu'il a faite et le gain dont il a été privé ; toutefois on ne peut en comprendre d'autres que ceux qui ont été prévus ou qu'on a pu prévoir lors du contrat , à moins qu'il n'y ait dol de la part du débiteur, auquel cas il est tenu de toutes les suites de son dol : mais alors même il ne peut être condamné qu'à ce qui est la suite immédiate et directe de l'inexécution de la convention. Si la somme à titre de dommages-intérêts a été déterminée dans la convention, il ne peut être alloué à l'autre partie une somme plus forte ni moindre. Les intérêts dus sont basés sur le taux fixé par la loi , qui est de 5 0/0 en matière civile et de 6 0/0 en matière commerciale; on ne pourrait pas en stipuler d'autres. Ils sont dus sans que le créancier soit tenu de justifier d'aucune perte, et seulement à compter du jour de la demande expresse , excepté dans les cas où la loi les fait courir de plein droit. Les intérêts échus des capitaux peuvent produire des intérêts ou par une demande judiciaire, ou par une convention spéciale, pourvu qu'il s'agisse d'intérêts dus au moins pour une année entière. Les revenus échus tels que fermages, loyers, arrérages de rentes perpétuelles ou viagères peuvent être considérés comme des capitaux , et à ce titre ils produisent intérêt du jour de la demande ou de la convention, ainsi que les intérêts payés par un tiers au créancier en acquit du débiteur.

SECTION 5. — *De l'interprétation des conventions.*

L'interprétation est l'explication la plus vraisemblable de ce qui est obscur ou ambigu ; on ne doit recourir à l'interprétation qu'autant que la volonté n'est pas clairement exprimée ; si les termes d'une convention sont clairs et manifestes , la volonté des parties doit être exécutée sans modification. Dans le cas où il y a obscurité ou ambiguité , on doit s'attacher à l'intention présumable des parties contractantes, bien plus qu'au sens littéral des termes. Comme on ne doit pas penser que deux personnes raisonnables aient voulu stipuler des choses inutiles ou absurdes , si une clause est susceptible de deux sens ; on doit prendre le seul qui soit raisonnable et qui puisse produire quelque effet. L'incertitude dans les termes peut être levée par la considération de ce qui est la matière du contrat , ou de l'usage du pays dans lequel il a été passé ; comme aussi l'on doit suppléer les clauses qui y sont d'usage, quoiqu'elles n'y soient pas formellement exprimées. Les diverses clauses d'une convention formant un seul tout , un sens général et complet, elles doivent par conséquent s'interpréter les unes par les autres, en donnant à chacune le sens qui résulte de l'acte entier. Dans le doute, la convention s'interprète contre celui qui a stipulé et en faveur de celui qui a contracté l'obligation. On ne doit jamais comprendre dans les termes d'une convention , quelques généraux qu'ils soient, autre chose que ce que les parties se sont proposé de contracter; et lorsque dans un contrat on a exprimé un cas pour l'explication de l'obligation , on n'est pas censé avoir voulu par là restreindre l'étendue que l'engagement reçoit de droit aux cas non exprimés.

SECTION 6. — *De l'effet des conventions à l'égard des tiers.*

Les conventions n'ont d'effet qu'entre les parties contractantes ; elles ne nuisent point au tiers ; et elles ne lui profitent que dans le cas prévu par l'art. 1121 dont nous avons déjà parlé. Néanmoins les créanciers peuvent exercer tous les droits et actions de leurs débiteurs , à l'exception de ceux qui sont exclusivement attachés à la personne, mais alors seulement que les débiteurs n'agissent pas eux-mêmes. Les créanciers peuvent aussi attaquer en leur nom personnel les actes faits par leur débiteur en fraude de leurs droits , ou même ceux qui leur sont préjudiciables , tels que les renonciations aux successions ou à des droits d'usufruit. Ils sont en droit d'en faire prononcer l'annulation en exerçant l'action que l'on appelle *révocatoire*. — Cette action en révocation ne peut être admise pourtant si les affaires du débiteur paraissent être en bon ordre, et à moins d'insolvabilité bien constatée, le défendeur en révocation peut demander la discussion préalable des autres biens du débiteur.

CODE DE PROCEDURE CIVILE.

Liv. 2. Tit. 9. — *Des Exceptions.*

Les exceptions sont les moyens par lesquels le défendeur, sans entrer dans la discussion de la demande, prétend établir que le demandeur en doit être exclu pour un temps ou pour toujours. Elles se divisent en déclinatoires, en péremptoires et en dilatoires.

§ Ier — *De la caution à fournir par les étrangers.*

D'après le principe établi par l'art. 16 du code civil, et confirmé par le code de procédure, tout étranger demandeur principal ou intervenant doit fournir la caution connue en droit sous le nom de *judicatum solvi* pour garantie des frais et dommages-intérêts auxquels il peut être condamné. Cette caution n'est pas de droit, il faut qu'elle soit requise par le défendeur. L'étranger en est affranchi en matière commerciale, et dans le cas aussi où les traités passés entre la France et la nation à laquelle il appartient, dispensent le français de ce cautionnement. La caution n'est pas nécessaire si l'étranger consigne la somme arbitrée par le tribunal, ou s'il offre des immeubles situés en France, suffisans pour en répondre. L'exception de la caution du jugé doit être proposée avant tout autre.

(15)

§ II. *Des renvois.*

La partie qui aura été appelée devant un tribunal autre que celui qui doit connaître de la contestation, peut demander son renvoi devant un autre tribunal. Cette demande en renvoi est ce qu'on appelle exception déclinatoire : elle peut être proposée pour cause d'incompétence, de litispendance et de connexité. L'incompétence peut être relative 1° au domicile du défendeur ou à la situation de l'objet litigieux; 2° à la nature de la cause, *ratione personæ* ou *ratione materiæ*. Dans le premier cas le déclinatoire doit être proposé avant toutes autres exceptions et défenses. Dans le deuxième il peut l'être en tout état de cause, même en appel, et à défaut de cette demande, le tribunal est tenu de l'ordonner d'office. Il y a litispendance lorsqu'une même cause a été portée entre les mêmes parties devant deux tribunaux à la fois. Il y a connexité lorsque par son objet une cause a tellement de rapport avec une autre cause soumise à un tribunal différent, que le jugement de l'une pourrait influer sur le jugement de l'autre. Dans ces deux cas la demande en renvoi doit être proposée devant le tribunal qui a été nanti le dernier. Les renvois de tout genre doivent être jugés sommairement, sans réserve, ni jonction au principal.

§ 3. — *Des nullités.*

Les nullités sont les vices qui empêchent un acte de produire son effet : elles donnent lieu à l'exception appelée péremptoire quant à la forme, parce qu'elle anéantit la procédure qui a été faite. Toute nullité d'exploit ou d'acte de procédure est couverte si elle n'est proposée avant toutes défenses ou exceptions autres que les exceptions d'incompétence.

§ 4. — *Des exceptions dilatoires.*

Les exceptions dilatoires sont celles qui tendent à différer la déci-

sion de la contestation. On en distingue de trois sortes , savoir : celle
qui est prise du délai pour faire inventaire et délibérer ; celle qui
résulte des délais pour mettre le garant en cause , et celle de la communication des pièces.

Du délai pour faire inventaire et délibérer. — Cette première exception dilatoire peut être proposée par l'héritier , la veuve et la femme
divorcée ou séparée de biens , lorsqu'ils sont assignés en paiement ,
soit d'une dette de la succession , soit d'une dette de la communauté ,
avant l'expiration des délais que la loi leur accorde pour faire inventaire et délibérer. Ces délais sont de trois mois pour faire inventaire , de quarante jours pour délibérer. Ils peuvent être prorogés ,
s'il est justifié que les premiers accordés n'ont pas été suffisans.
Ce qui est dit de l'héritier est aussi relatif au légataire universel ou
à titre universel.

De la Garantie. — On entend par garantie l'obligation de défendre
et de libérer un tiers d'une action intentée contre lui. On en distingue
deux sortes , la garantie simple et la garantie formelle. La première
s'applique aux actions personnelles ou mobilières , la seconde , aux
actions réelles. Le délai pour l'exercice de la garantie est de huitaine
à partir de la demande originaire ; celui de la sous-garantie est le
même à dater de la demande en garantie. L'un et l'autre sont aug-
mentés à raison des distances , c'est-à-dire , d'un jour pour trois
myriamètres. S'il y a plusieurs garans intéressés en la même garantie , il n'y aura qu'un seul délai pour tous et ce délai sera celui qui
est accordé au garant le plus éloigné. Faute d'exercer la garantie dans
le délai légal , on ne pourra la faire valoir dans l'instance principale.
Si le demandeur originaire conteste l'exception , l'incident sera jugé
sommairement.

Le garant formel peut prendre le fait et cause du garanti , et celui-ci est mis hors d'instance s'il le requiert avant le premier jugement , sauf à lui à y assister pour la conservation de ses droits , et
au demandeur primitif à l'y faire rester pour la conservation des

siens. Le garant simple au contraire est seulement libre d'intervenir sans pouvoir prendre le fait et cause du garanti.

Les demandes en garantie ne peuvent être portées que devant le tribunal où la demande originaire est pendante ; si elles sont en état d'êtres jugées en même temps, il y sera fait droit conjointement. Si la garantie n'est pas instruite, le demandeur originaire pourra obtenir une décision séparée en faisant prononcer la disjonction des deux causes.

Les jugemens rendus contre les garans formels sont exécutoires contre les garans à qui il suffira de les signifier, soit qu'ils aient été mis hors de cause, ou qu'ils y aient assisté. Quant aux dépens et dommages, ils doivent être à la charge du garant formel, mais en cas d'insolvabilité de celui-ci, le garanti qui n'aura pas été mis hors de cause en sera passible.

S'il y a plusieurs exceptions dilatoires à faire valoir, on doit les proposer toutes ensemble et avant toutes défenses au fond.

De la communication des pièces. — Chaque partie a le droit de demander communication des pièces employées contr'elle dans les trois jours de leur emploi ou signification. Cette communication se fait entre avoués sur récépissé ou par dépôt au greffe. L'on ne doit pas déplacer les pièces, dont il n'y a pas de minute, sans le consentement de la partie. Si le délai de la communication n'a pas été fixé par le jugement qui l'a ordonnée ou par l'avoué, il sera de trois jours. L'avoué qui après ce délai n'a pas rétabli les pièces peut y être contraint par ordonnance rendue sur simple requête ou simple mémoire de la partie, incontinent et par corps et même à payer trois francs de dommages-intérêts par chaque jour de retard, sauf à lui à former opposition ; et s'il est débouté de l'opposition, il sera condamné personnellement aux dépens de l'incident, même en tels autres dommages-intérêts et peines qu'il appartiendra.

CODE DE COMMERCE.

Tit. viii. — *De la Lettre de Change.*

Sect. 1re. — § 5. — *De l'Echéance.*

Toute lettre de change doit énoncer l'époque à laquelle elle sera payée. Elle peut être tirée à vue, et alors elle est payable à sa présentation, à un ou plusieurs jours, mois, ou usances de vue, et dans ce cas son échéance est fixée par la date de l'acceptation ou par celle du protêt faute d'acceptation; à un ou plusieurs jours, mois, ou usances de date, et alors les délais commencent à courir le lendemain de la date de la lettre de change. La lettre de change peut encore être tirée à un jour fixe ou déterminé, auquel cas elle est payable le jour même qui y est énoncé ; mais si son échéance est à un jour férié légal, elle est payable la veille. Enfin, elle peut être tirée payable en foire : dans ce cas elle est échue la veille du jour fixé pour la clôture de la foire, ou le jour même de la foire si elle ne dure qu'un jour. Tous délais de grâce, de faveur, d'usage ou d'habitude locale pour le paiement des lettres de change sont abrogés.

§ VI. *De l'endossement.*

L'endossement est l'acte par lequel le propriétaire d'une lettre de change la transporte à une autre personne en remplissant les formalités prescrites. Cet acte est ainsi appelé parce qu'il est consenti au dos de la lettre de change. Le code de commerce a ici dérogé aux principes du droit commun exprimés dans l'article 1690 du Code civil. En effet, aux termes de cet article, le cessionnaire d'une créance ordinaire n'est saisi à l'égard des tiers que par la signification du transport faite au débiteur, ou par l'acceptation faite par ce dernier dans un acte authentique. Il n'en est pas de même en matière de cession de lettre de change par la voie de l'endossement; la célérité et la bonne foi qui président aux opérations commerciales exigeaient des dispositions toutes différentes; aussi le législateur a-t-il voulu que celui au profit duquel l'endossement est passé, fût saisi de plein droit de la propriété de la lettre de change par le seul effet de cet endossement, et sans avoir besoin de faire aucune signification soit au tireur, soit au tiré. L'endossement pour être régulier doit réunir ces trois conditions : 1° il doit être daté, 2° exprimer la valeur fournie, 3° énoncer le nom de celui à l'ordre de qui il est passé. A défaut de remplir ces conditions, il n'opère pas le transport et ne vaut que comme procuration. Il est défendu d'antidater les ordres à peine de faux.

§ VII. *De la solidarité.*

Tous ceux qui ont signé, accepté ou endossé une lettre de change, ont par cela même contracté l'obligation de la faire payer au porteur à l'époque et aux lieux fixés; ils sont par conséquent tenus à la garantie solidaire envers le porteur qui a le droit de s'adresser à celui des signataires qu'il voudra choisir et qui pourra lui offrir le plus de garantie sans que celui-ci puisse lui opposer le bénéfice de division et de discussion.

§ VIII. *De l'Aval.*

Indépendamment de l'acceptation et de l'endossement, le paiement d'une lettre de change peut être garanti par un aval. L'aval est le cautionnement d'une lettre de change donné par un tiers. Il peut être donné pour toute la lettre de change ou pour une partie seulement, sur la lettre elle-même ou par acte séparé; les mots *pour aval* et la signature, ou même seulement la signature donnée en blanc suffiraient pour rendre l'obligation valable. Le donneur d'aval est tenu solidairement et par les mêmes voies des obligations imposées aux tireurs et endosseurs, sauf les conventions différentes des parties; il pourrait être stipulé par exemple, que le donneur d'aval sera affranchi de la solidarité et de la contrainte par corps.

§ IX. *Du paiement.*

Une lettre de change doit être payée dans la monnaie qu'elle indique. Cependant, si la monnaie indiquée est une monnaie étrangère, rien n'empêche que la lettre de change ne puisse être payée au cours du change en monnaie du lieu où elle doit être touchée. Celui qui paie une lettre de change avant son échéance, est responsable de la validité du paiement ; celui qui paie à l'échéance et sans opposition, est présumé valablement libéré. L'opposition au paiement ne peut être admise qu'en cas de la perte de la lettre de change ou de la faillite du porteur. Le porteur d'une lettre de change ne peut être contraint d'en recevoir le paiement avant l'échéance. Le paiement fait par le tiré libère le tireur et tous les endosseurs envers le porteur, soit de la totalité, soit jusqu'à concurrence de la portion payée ; si le paiement n'a été fait que pour une partie, le porteur est tenu de faire protester pour le surplus.

Le propriétaire d'une lettre de change perdue ou égarée, peut en demander le paiement sur une seconde, troisième ou quatrième, et il doit pour se les procurer, s'adresser à son endosseur immédiat qui est tenu de lui prêter son nom et ses soins pour agir envers son propre endosseur, ainsi en remontant d'endosseur en endosseur jusqu'au tireur lui-même, mais dans ce cas le porteur subira les frais. Si la lettre de change perdue ou égarée est revêtue de l'acceptation, ou si celui qui l'a perdue, qu'elle soit acceptée ou non, ne peut représenter la seconde, troisième ou quatrième, le paiement ne pourra en être exigé que par ordonnance du juge, et en donnant caution, et dans le second cas, en outre, le porteur devra justifier de sa propriété par ses livres. L'engagement de la caution est éteint après trois ans, si pendant ce temps il n'y a eu, ni demandes ni poursuites juridiques.

§ X. *Du paiement par intervention.*

Lorsque celui sur qui la lettre était tirée, a refusé de la payer, et que son refus a été constaté par un protêt, toute personne quoique non obligée ou garant du paiement, peut l'acquitter; c'est ce qu'on appelle *paiement par intervention.* L'intervenant est subrogé aux droits du porteur, et tenu des mêmes devoirs pour les formalités à remplir, mais pour que la subrogation ait lieu, il faut que la lettre de change ait été protestée, sans quoi le paiement serait censé fait par le tiré lui-même. L'intervention et le paiement doivent être constatés dans l'acte de protêt ou à la suite de l'acte. On peut intervenir pour le tireur ou pour l'un des endosseurs. Le paiement fait pour le compte du tireur, libère tous les endosseurs; s'il est fait pour l'un des endosseurs, tous les endosseurs subséquens sont libérés. Dans le cas où il y a concurrence pour le paiement, celui qui offre le plus de libération est préféré. Si c'est le tiré lui-même qui se présente pour payer, il sera préféré à tous les autres.

Cet Acte sera soutenu publiquement le 10 avril 1835, dans la séance qui commencera à dix heures du matin.

Vu par le Président de la Thèse,

LAURENS.

Toulouse, Imprimerie de Marie ESCUDIER, Rue Saint-Rome, n° 26.